ALPHABET

Now I KNOW my
ABC

GUIA DE PRONÚNCIA PARA OS PAIS

A PRONÚNCIA, EM INGLÊS, FOI SIMPLIFICADA AO MÁXIMO PARA FACILITAR O AUXÍLIO QUE OS PAIS DARÃO À CRIANÇA. PRONUNCIE AS PALAVRAS GRIFADAS EM (AZUL) COMO SE ESTIVESSE LENDO-AS EM PORTUGUÊS E VOCÊ SERÁ SUFICIENTEMENTE BEM COMPREENDIDO.

O USO DOS ACENTOS MOSTRA QUAL DEVE SER A SÍLABA TÔNICA E QUAL ENTONAÇÃO ELA DEVE TER. UM BOM EXEMPLO ESTÁ NA PALAVRA **BANANA**: EM PORTUGUÊS NÓS A DIZEMOS COMO (BANÂNA), MAS EM INGLÊS ELA É PRONUNCIADA COMO (BANÁNA).

ALGUMAS DICAS PARA MELHORAR A PRONÚNCIA:

TH - É UM SOM QUE NÃO HÁ EM PORTUGUÊS. ENTÃO, SUGERIMOS QUE SE TENTE EMITIR ESSA PRONÚNCIA APROXIMANDO A LÍNGUA DOS DENTES FRONTAIS, E SOLTANDO O AR LEVEMENTE ENTRE ELES, ENQUANTO SE PRONUNCIA A PALAVRA. NO BRASIL, É UM SOM PARECIDO COM A ANQUILOGLOSSIA (LÍNGUA PRESA).

O TH PODE TER SOM PARECIDO COM **F**, MAS NÃO IGUAL, QUE É OUVIDO EM PALAVRAS COMO **MOUTH** (MÁUF), **BATHROBE** (BÁFRÔUB) OU **THANKS** (FÁNKS). TAMBÉM PODE TER SOM LEVE, PARECIDO COM **D** OU **V**, MAS NÃO IGUAL, COMO EM **THIS** (DÍS), **THAT** (DÁT), **THE** (DÊ) OU **CLOTHES** (CLÔVES).

A PRONÚNCIA DO **R** EM INGLÊS É BEM DIFERENTE DO QUE ESTAMOS ACOSTUMADOS. ELA É CHAMADA DE "R-RETROFLEXO", MAS É MAIS CONHECIDA COMO "R-CAIPIRA". EM PALAVRAS QUE COMEÇAM COM **R**, COMO **RAIN**, **ROBOT**, **RAT**, O PRIMEIRO **R** DEVE SER PRONUNCIADO "DOBRADO". IMAGINE UMA PESSOA DO INTERIOR DIZENDO "PORTÃO". O JEITO COMO DOBRAMOS A LÍNGUA PARA DIZER ESSA PALAVRA É O JEITO QUE O **R** EM INGLÊS DEVE SER DITO. A NOSSA PRIMEIRA REAÇÃO É PRONUNCIAR ESSAS PALAVRAS COM A GARGANTA, ENTÃO, AOS POUCOS, TENTE "DOBRAR" A LÍNGUA NO PRIMEIRO **R**. PRESTE ATENÇÃO EM FILMES E MÚSICAS, POIS ELES LHE AJUDARÃO BASTANTE.

AS PALAVRAS QUE INICIAM COM H DEVEM SER PRONUNCIADAS COM A GARGANTA, TAL COMO EM "**HORSE**" E "**HIPPO**".

NÃO COLOQUE O "I" NO FIM DAS PALAVRAS, TAL COMO EM **CRAB** (CRÁB), **ELEFANT** (ÉLEFANT), **DOVE** (DÔUV), **GIRAFFE** (DJIRÁF) OU **GARAGE** (GARÁDJ). AS PALAVRAS EM INGLÊS, DIFERENTEMENTE DO PORTUGUÊS, COMUMENTE TERMINAM COM SOM DE CONSOANTE.

PALAVRAS QUE TERMINAM COM "M" OU "N" TÊM A SUA PRONÚNCIA BEM ACENTUADA. UM BOM EXEMPLO É **COMFORT** (CÔMMFORT). EM PORTUGUÊS NÓS LEMOS CONFORT, MAS EM INGLÊS O M É BEM EVIDENTE. OUTRO PONTO PODE SER OBSERVADO EM **SUN**: NO INGLÊS O N É BEM PRONUNCIADO NO FIM DA PALAVRA, TAL COMO (SÂNN).

W TEM SOM DE U, QUE PODE SER OUVIDO EM **WHAT** (UÓT), **WATER** (UÓTER) E **FLOWER** (FLÁUER), COM EXCEÇÃO DE **WHO**, QUE SE PRONUNCIA COMO (RÚ).

EXISTE DIFERENÇA ENTRE ALGUMAS PALAVRAS E ENTRE A PRONÚNCIA DO INGLÊS AMERICANO E DO INGLÊS BRITÂNICO. OS LIVROS DA **HAPPY ENGLISH** SÃO PRODUZIDOS NA VERSÃO BRITÂNICA, POR ISSO HAVERÁ DETERMINADO VOCABULÁRIO, ASSIM COMO DETERMINADAS PRONÚNCIAS, QUE SERÃO DIFERENTES DAQUILO QUE SE ESTÁ ACOSTU-MADO A VER / OUVIR TODOS OS DIAS, TAIS COMO **SOCCER** E **FOOTBALL**, **MOTORCYCLE** E **MOTORBIKE**, **SNEAKERS** E **TRAINERS**, **AIRPLANE** E **AEROPLANE**, DENTRE OUTROS.

ESCREVA EM LETRAS DE FÔRMA E CURSIVA, SEGUINDO OS NÚMEROS E AS SETAS.

Letra de FÔRMA

A   B   C

a   b   c

AEROPLANE   **BUTTERFLY**   **COW**
(ÉROPLEIN)   (BÂTERFLAI)   (KÁU)
AVIÃO   BORBOLETA   VACA

Aeroplane   *Butterfly*   *Cow*

Letra Cursiva

𝒜   ℬ   𝒞

𝒶   𝒷   𝒸

D   E   F
d   e   f

DOLPHIN
(DÓLFIN)
GOLFINHO

Dolphin

ELEPHANT
(ÉLEFANT)
ELEFANTE

Elephant

FIREFLY
(FÁIERFLAI)
VAGA-LUME

Firefly

D   E   F
d   e

ESCREVA EM LETRAS DE FÔRMA E CURSIVA, SEGUINDO OS NÚMEROS E AS SETAS.

Letra de FÔRMA

G g H h I i

GIRAFFE
(DJIRÁF)
GIRAFA

HOUSE
(HÁUS)
CASA

ICE CREAM
(ÁISCRIM)
SORVETE

Giraffe   *House*   *Ice Cream*

Letra Cursiva

𝒢   ℋ   𝒥

𝑔   𝒽   𝒾

J j   K k   L l

JUICE
(DJÚS)
SUCO

Juice

KANGAROO
(KÁNGARU)
CANGURU

Kangaroo

LADYBUG
(LÊIDIBÃG)
JOANINHA

Ladybug

ESCREVA EM LETRAS DE FÔRMA E CURSIVA, SEGUINDO OS NÚMEROS E AS SETAS.

Letra de FÔRMA

M N O

m n o

MOON
(MÚUN)
LUA

NOSE
(NÔUZ)
NARIZ

OCTOPUS
(ÓKTUPÃS)
POLVO

Moon   Nose   Octopus

Letra Cursiva

M   N   O

m   n   o

P Q R

p q r

PONY
(PÔUNI)
PÔNEI

QUESTION
(CUÉSTION)
QUESTÃO

RABBIT
(RÁBIT)
COELHO

Pony   *Question*   *Rabbit*

P Q R

p q r

ESCREVA EM LETRAS DE FÔRMA E CURSIVA, SEGUINDO OS NÚMEROS E AS SETAS.

Letra de FÔRMA

S s | T t | U u

SLIDE
(SLÁID)
ESCORREGADOR

Slide

TREE
(TRÍI)
ÁRVORE

Tree

UMBRELLA
(ÂMBRÉLA)
GUARDA-
-CHUVA

Umbrella

Letra Cursiva

S s | T t | U u

V W X

v w x

VASE
(VÊIS)
VASO

WHALE
(UÊIL)
BALEIA

XYLOPHONE
(ZÁILOFOUN)
XILOFONE

Vase *Whale* *Xylophone*

Letra de FÔRMA

Y y

YOGURT
(IÔGURT)
IOGURTE

Yogurt

Z z

ZOO
(ZÚU)
ZOOLÓGICO

Zoo

Y y

Z z

Letra Cursiva

MONTE O QUEBRA-CABEÇA.

TEM 5 LETRAS QUE ESTÃO EM VERMELHO, LOCALIZE-AS NO QUEBRA-CABEÇA E ESCREVA-AS NOS ESPAÇOS CORRESPONDENTES.

VOWELS

AGORA ESCREVA AS LETRAS AZUIS
NOS ESPAÇOS CORRESPONDENTES.

CONTINUE...

ENCONTRE NO DIAGRAMA AS PALAVRAS CORRESPONDENTES ÀS FIGURAS E DEPOIS ESCREVA-AS NAS LINHAS PONTILHADAS.

 ....

E	V	L	X	M	O	O	N
C	P	A	O	A	T	G	E
O	I	D	N	C	Y	A	A
W	H	Y	R	U	L	N	R
H	O	B	L	A	U	T	T
A	U	U	C	U	Z	N	R
I	S	G	Y	N	T	A	E
O	E	M	J	U	I	C	E

 ....

AJUDE A GIRAFA A VOLTAR AO ZOOLÓGICO.

LIGUE AS FIGURAS ÀS SOMBRAS CORRESPONDENTES E ESCREVA-AS EM INGLÊS E PORTUGUÊS.

PORTUGUÊS — PORTUGUÊS — PORTUGUÊS — PORTUGUÊS

INGLÊS — INGLÊS — INGLÊS — INGLÊS

JOGO DOS 7 ERROS

MONTE O QUEBRA-CABEÇA. OBSERVE A PARTE SUPERIOR, COMPARANDO-A COM A IMAGEM ABAIXO. DEPOIS CIRCULE AS DIFERENÇAS.

ENIGMA

OBSERVE NO QUEBRA-CABEÇA AS LETRAS INICIAIS DESTAS FIGURAS E DESCUBRA QUAL PALAVRA SERÁ FORMADA.

RESPOSTAS

aranha   spider

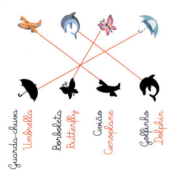

H   **O**   **U**   **S**   **E**